RÉPONSE

Aux pamphlets distribués au Conseil des cinq-cents, contre le citoyen LEVEQUE, nommé député au Conseil des anciens, par l'assemblée électorale (mère) du département des Deux-Nèthes.

DES méchans, dirigés par quelques intrigans, ont adressé au Corps législatif des pièces contre moi, qui furent imprimées et distribuées à chaque membre du Conseil des cinq-cents, comme faisant suite aux opérations des assemblées électorales du département des Deux-Nèthes.

Un exemplaire de ces pièces me fut remis par un membre de la Commission chargée d'examiner les opérations de ces assemblées. Je le parcourus et regardai comme inutile de fatiguer en particulier l'attention des législateurs, pour leur démontrer la fausseté de ces pièces. Je me bornai donc à remettre des notes à cette Commission; elles contiennent, 1°. la narration du fait de mon arrestation, le jugement qui s'ensuivit, la preuve de l'impossibilité que le citoyen *Maschu* ait pu délivrer des copies conformes

A

aux premières pièces de ma procédure, et la remarque que la qualification que prend ce citoyen, *de secrétaire en chef de la municipalité du canton d'Anvers*, est aussi fausse que les copies sont peu conformes aux originaux (1).

2°. La réfutation, ou pour mieux m'exprimer, la démonstration que la déposition du président de *Westerlou*, étant mensongère, ne peut qu'avoir été surprise à sa bonne foi (1).

Tout plein de confiance dans la sagesse de la commission, je pensais que mes notes et les pièces à l'appui suffiraient pour l'éclairer et la mettre à même de faire son rapport au conseil; mais une fatalité, ou plutôt les conférences réitérées qu'eût cette commis-

---

(1) Le citoyen *Maschu* perdit son emploi de secrétaire, en pluviôse dernier, pour les mêmes causes que celles qui lui avaient fait perdre auparavant sa place de greffier du tribunal civil du département. (*Pour manque de délicatesse et pour concussions.*)

(2) Ce président de canton ne parle pas un mot de français, et aucun chef de bureau de l'administration centrale ne parle flamand. Cela démontre assez clairement que ceux qui ont fait l'envoi de cette pièce, ainsi que de celles signées par *Maschu*, ont eû l'impudeur de chercher à tromper la religion du corps législatif.

sion avec la députation des Deux-Nèthes (1), furent cause que le rapporteur, (de l'intégrité duquel je suis assuré,) différa son rapport jusqu'au 29 floréal dernier, sans doute afin d'être mieux éclairé sur le compte de celui contre lequel on prétendait toujours pouvoir fournir *des pièces de la plus haute importance.*

Le tems pressait et aucune de ces pièces n'arrivait; on y suppléa. On fut à la fabrique des calomnies. On y trouva un *Dom Bazile* et un *Dom Carlos*, qui se chargèrent de rédiger celles qui ont été distribuées aux membres du Conseil des cinq-cents, le 26 ou 27 du mois dernier, intitulées : *Observations d'un citoyen du département des Deux-Nèthes, sur les opérations des deux fractions de l'assemblée électorale du même département, signées, J. LAMBRECHTS, juge au tribunal des Deux-Nèthes* (2).

---

(1) Cette députation est composée de quatre membres ; savoir, deux élus en l'an 5, et deux en l'an 6. Les premiers veulent l'annulation des deux assemblées électorales, et les autres, un sur-tout, la validité des opérations de la scissionnaire. J'abandonne à la sagacité des lecteurs, l'explication des motifs de cette division d'opinion.

(2) Il a fallu bien de l'audace ou être bien assuré de la complaisance du juge *Lambrechts*, pour s'être permis de le rendre auteur d'une pièce fabriquée à 70 lieues de sa demeure. Citoyens Représentans des

(4)

Ce fut quelques jours après sa distribution que le rapporteur proposa au Conseil l'annullation des opérations des deux assemblées électorales de ce département : l'impression et l'ajournement du rapport ayant été ordonnés, j'ai profité du laps de tems qui devait s'écouler jusqu'à la décision définitive du Conseil , pour répondre à cette pièce *importante*, afin de chasser de l'esprit des représentans qui ne me connaissent pas, la mauvaise impression qu'elle aurait pû faire concevoir sur mon civisme et ma moralité.

L'exorde qui précède ces observations ne contenant que des lieux communs , plusieurs fois mis en avant pour perdre des hommes énergiques que l'on craint, à cause de leur attachement aux principes constitutionnels et à l'ordre social, ne me paraît pas devoir être réfuté. Je laisse à la raison et à l'impartialité d'en faire justice. Je laisse pareillement au citoyen *Bruslé* le soin d'éclairer ses collègues sur la bonne foi de celui qui lui adresse un compliment et sur la véracité de son contenu ; mais je ne puis m'empêcher de relever la chûte de ce com-

---

Deux-Nèthes , désabusez donc vos collègues, car vous êtes, ainsi que moi, convaincus que cette production n'est point du juge *Lambrechts*, mais bien de . . . . .

pliment, parce qu'elle me regarde trop par-
ticulièrement.

Ce n'est point par une fatalité inexpli-
cable que j'ai succédé au citoyen *Bruslé*,
c'est par les raisons qui ont porté les représentans du peuple *Lefebvre* (de Nantes) et
Péris à me nommer conjointement avec les
citoyens *Frizon* et *Vanbreda*, administrateur
de l'arrondissement du Brabant, le 14 floréal
an 3; c'est encore par les mêmes raisons
qui déterminèrent les représentans *Péris* et
Portiez (de l'Oise) à me nommer administrateur du département des Deux-Nèthes le
27 brumaire an 4; c'est enfin par les raisons,
qui firent que le Directoire exécutif me rap-
pela à mon poste d'administrateur au même
département le 25 fructidor de l'an 5.

Toutes ces raisons sont très-explicables,
et ne sont probablement que perdues de la
mémoire de mes détracteurs. Je vais les leur
rappeler pour qu'ils s'en souviennent, lorsqu'ils voudront écrire conséquemment sur
mon compte.

C'est que ma conduite et les services que
j'ai rendus à l'administration de l'arrondissement du Brabant, en qualité d'employé,
m'ont mérité l'estime et la confiance des administrateurs d'alors, qui m'ont désigné aux
représentans du peuple, comme capable de
remplir les fonctions d'administrateur et de

remplacer avantageusement un de leurs collègues , destitué pour cause d'incivisme.

C'est que ma conduite administrative et ma probité m'ont valu la recommandation des *patriotes Anversois*, lorsqu'il a fallu organiser constitutionnellement les neuf départemens réunis (1).

C'est qu'enfin cette même conduite m'a mérité la confiance du gouvernement, en me nommant son commissaire central près le département des Deux-Nèthes. C'est encore elle , elle seule , qui m'a fait obtenir les suffrages de mes concitoyens , pour les représenter au sénat français. Voilà la *fatalité* expliquée. Voilà des faits qu'aucun rédacteur ni signataire de pamphlets ne pourra jamais démentir. Ils suffisent , je pense , pour répondre victorieusement à l'épithète de *transfuge* , qui m'est officieusement donnée dans l'écrit que je réfute.

Le commencement de mon règne , qui date

---

(1) Ce fait est constaté par le considérant de l'arrêté des Réprésentans *Péres et Portiez (de l'Oise)*, en date du 27 brumaire an 4, et par une lettre du citoyen Charles d'Or, présentement juge au tribunal de cassation, par laquelle il me donnoit connoissance de ma nomination d'administrateur du département des Deux-Nèthes, et me félicitoit au nom des patriotes Anversois, ajoutant *qu'ils avaient saintement cabalé pour m'avoir pris d'eux.*

du mois de floréal an 6, y est-il dit, fut signalé par la destitution d'administrateurs probes et républicains, qui, contrairement à l'article CXCVIII de l'acte constitutionnel, furent remplacés par des citoyens mettant pour la première fois le pied sur le territoire des Deux-Nèthes.

J'aurais pu encore regarder ce reproche comme lieu commun oublié dans l'exorde, et ne pas y répondre ; mais j'ai cru qu'il était intéressant d'en démontrer le faux, afin de convaincre le lecteur de la perversité des intentions de l'écrivain. Il est vrai que le Directoire Exécutif, par deux arrêtés différens, destitua quatre administrateurs, et les remplaça à l'instant (1). Voyons si ces destitutions ont été calculées par moi, *afin d'exploiter les élections des Deux-Nèthes pour mon propre compte*, comme l'avance le rédacteur du pamphlet.

______

(1) L'un de ces administrateurs destitués, (*le ci-devant baron de Villers*), est frère d'un officier encore actuellement au service de l'Autriche. Un autre fut frappé, d'une manière peu honorable, par deux jugemens rendus contre lui, cette année, par le tribunal civil du département, et confirmé par celui de la Dyle. Je laisse à la députation des Deux-Nèthes, si elle le trouve convenable, le soin de démontrer les regrets que l'on peut raisonnablement avoir de la perte des deux autres.

A 4

(8)

Le citoyen *Bruslé*, mon prédécesseur, avait, quelques jours avant son départ pour Paris, adressé à l'administration centrale, conformément à l'ordre du ministre des finances, un réquisitoire pour restreindre les articles des domaines nationanx, et borner les ventes à une seule par décade. L'administration n'y avait pas répondu, et continuait, comme par le passé, à vendre plusieurs fois par décade, et à cumuler plusieurs lots dans un seul article. Je lui représentai cette irrégularité, en lui rappelant l'ordre précis du ministre, le réquisitoire de mon prédécesseur et les disgraces qu'elle pouvoit s'attirer par cette conduite. Rien ne la fit changer de résolution. De-là, nouveau réquisitoire de ma part sur cet objet; protestation contre ses ventes, et enfin compte rendu au ministre de ma conduite, et de celle de l'administration.

Les contributions ne rentraient pas depuis cinq décades, j'en fis l'observation à l'administration centrale et l'invitai à vouloir s'occuper de cet objet intéressant, je lui proposai même de s'assembler extraordinairement les jours impairs pour conférer ensemble sur les moyens à employer, tant pour activer les rentrées en retard, que pour faire confectionner les matrices de rôles, qui seules pouvaient faire disparaître les provisoires à la faveur desquelles une infinité de vexations et de friponneries se commettaient. On fut sourd à mes invitations ainsi qu'à mes réquisitoires; j'en rendis compte au ministre des finances en lui faisant passer copie de ces réquisitoires.

Voilà donc à quoi je me bornai : à rendre aux divers ministres un compte fidel des opérations de l'administration centrale, et de mes efforts pour faire exécuter les lois ainsi que les ordres qu'ils me transmettaient. C'est sans doute l'examen approfondi des uns et des autres, qui provoqua la destitution de ces administrateurs, et *non mes calculs* ni mes provocations particulières.

Suis-je donc coupable d'avoir rempli mes devoirs ? Devais-je plutôt calculer mes intérêts que ceux de la république? Non certainement, et je reste convaincu que ma conduite m'a mérité l'estime des bons citoyens.

Il est de toute fausseté que les administrateurs remplaçans, fussent entièrement étrangers au département des Deux-Nèthes. En voici la preuve : Le citoyen *Poncy* est domicilié à Anvers depuis la première organisation du régime hypothécaire, et a été membre de l'administration, à laquelle avaient succédés les administrateurs destitués. Le citoyen *Saunier* avait exercé à Anvers, pendant plus d'un an, les fonctions de commissaire du Directoire exécutif près les tribunaux civils et criminels, et il ne les avoit abandonnées que depuis environ une année.

Le citoyen *Chaumel* venoit de quitter les fonctions d'administrateur du département de la Lys; enfin, le citoyen *Debroux* avoit exercé les fonctions d'administrateur de l'arrondissement du Brabant et de plus il est indigène et domicilié à Malines, canton du département des Deux-Nèthes (1).

C'est à vous, citoyens représentans de ce département, à qui j'en appelle pour confirmer ou démentir les faits que je viens de transcrire.

Le reste de la tirade sur les destitutions qu'on veut bien m'attribuer, pour prouver *ma toute puissance*, étant de la même force que ce que je viens de démontrer comme controuvé, je passe à la réfutation de la prétendue tournée que j'ai faite *dans tous les cantons du département, afin d'y faire nommer électeurs les commissaires subalternes.*

---

(1) Le civisme et les talens administratifs de ces citoyens ont été reconnus par l'assemblée électorale mère, qui en a réélu plusieurs aux mêmes fonctions. On peut encore en acquérir une nouvelle preuve dans leur adresse sur l'assassinat de nos plénipotentiaires.

J'ai, à la vérité, fait une tournée en ventôse dernier dans les cantons d'*Ékren*, *de Weustwesel*, *d'Hogstracten*, *de Turnhout*, *de Gheel*, *d'Arendonkc*, *d'Herentals et de Lierre*, ce qui fait en tout huit cantons sur les vingt-trois qui composent le département des Deux-Nèthes (1). Les seuls motifs de cette tournée étaient d'activer la rentrée des contributions arriérées et de lever les obstacles qui paraissaient entraver la confection des matrices de rôles. J'ai mis quatre jours pour faire cette tournée ; c'est à ceux qui connoissent l'étendue du terrain que j'ai du parcourir, à juger si j'ai pu m'occuper *des moyens d'organiser et de préparer le choix des électeurs.* Je puis, ici, invoquer le témoignage des administrateurs municipaux de chaque canton que j'ai parcouru, pour qu'ils disent si je les ai entretenu des élections à faire. Au reste les procès-verbaux des séances des cantons *d'Hogstraten*, *d'Arendonck et d'Herentals*, prouvent évidemment le sujet sur lequel je les ai entretenu, et leur lecture prouvera encore mieux si j'ai cherché à faire ma cour aux municipaux ou aux commissaires placés près d'eux. Je me félicite d'avoir, en cela, encore rempli mes devoirs.

---

(1) J'ose défier qui que ce fût de prouver que je me sois rendu dans les autres cantons.

Pourquoi mes ennemis n'ont-ils pas mis, en m'attaquant, autant de bonne foi que j'en mets en me défendant; c'est-à-dire, pourquoi ne joignent-ils pas des pièces à l'appui de leurs allégations, ou du moins pourquoi n'indiquent-ils pas où l'on pourrait les trouver? Ils ont fait cependant mille efforts et employé divers moyens astucieux pour obtenir une déposition du trop crédule président de *Westerloo*. Voilà donc la seule pièce qui offrirait une apparence de crédibilité si elle n'était mensongère (1).

---

(1) Dans les notes que j'ai remis à la commission, j'ai rappelé la sortie que j'avois fait dans l'assemblée électorale, lorsqu'elle étoit composée des trente-huit électeurs du département, contre ceux qui manquant de respect à la souveraineté du peuple, se permettoient de vouloir diriger ses choix dans les assemblées primaires et électorales. C'étoit bien là, sans doute, le moment où mes détracteurs, qui faisoient partie de l'assemblée, devaient élever la voix contre moi, sur-tout lorsque j'en appelois à la conscience de chaque électeur en particulier, pour qu'il dise si je l'avais entretenu, ou s'il avoit ouï dire que j'avois entretenu quelqu'un des élections à faire; et sur-tout encore lorsque je mis ma conduite en opposition avec celle de l'un d'entr'eux que je désignai, et à qui j'adressai le reproche d'avoir long-tems, avant les élections, entretenu une correspondance active dans plusieurs cantons du département pour préparer les choix de cette année, et dans laquelle il poussa l'impudeur jusqu'à se designer pour être élu au Conseil des cinq-cents; que

(13)

Je laisse à mes lecteurs à juger si je puis être considéré comme ayant cherché à influencer les élections de l'an 7.

Si la vengeance entrait dans mon cœur, je profiterais de cette occasion pour dérouler aux yeux de mes concitoyens la longue série des perfidies que n'ont cessé d'employer, depuis plusieurs années, certains personnages, qui ont conçu le projet de maîtriser et de diriger à leur gré les opinions, non-seulement du département des Deux-Nèthes, mais de la totalité de ceux réunis. Ce sont ces êtres qui dirigent toutes les méchancetés qui partent de ces belles contrées; ce sont eux qui allument et jettent les brandons de la discorde au milieu du petit nombre de républicains qui s'y trouvent : ce sont eux enfin, dont le patriotisme turbulent et inquiet, qui n'est autre chose que la soif insatiable de la domination, qui provoquent et perpétuent les troubles qu'ils devraient prévenir, autant par devoir que par intérêt pour la chose publique.

---

c'étoit pour atteindre son but qu'il s'étoit fait nommer électeur, quoique résident à Paris, et que son audace avoit été jusqu'à faire des promesses et des menaces au sein même de l'assemblée électorale; personne alors ne prit la parole, ni cet électeur qui se reconnut très bien, ni ses partisans; ils se contentèrent de faire scission.

Je m'arrête, car je sens que l'indignation que j'éprouve en combattant de fausses allégations, ne vient que de ce j'en connais la source, et que je pourrais, en la divulguant trop tôt, sortir des bornes que je me suis prescrites.

Poursuivons donc l'examen de la pièce *importante*, et pour ne pas trop ennuyer le lecteur, passons rapidement au but que s'est proposé son auteur.

Après avoir fait un très-long calcul et employé ce qu'il y a de spécieux en sophismes, il conclut par prétendre démontrer que, sur huit nominations faites par l'assemblée-mère, trois seulement pourraient être validées, et que par conséquent les autres doivent être déclarées nulles. Le but est donc que sentant la cause de la scission mauvaise et insoutenable, on veut au moins restreindre tellement les élections de l'assemblée-mère, qu'elles seraient presque nulles. Voilà le bout de l'oreille tout-à-fait à découvert. On veut tout bonnement se conserver pour l'an 8, les moyens de ne pas se faire oublier (1).

---

(1) J'ai encore remis à la Commission des pièces qui prouvent évidemment que si j'avois cherché à établir les droits de l'assemblée mère, d'après des *calculs*, cinq électeurs de la scission ne pouvaient faire partie d'aucune assemblée.

Je ne pense pas que ce soit à moi à combattre la fausseté de ce calcul ni des argumens dans lesquels il se trouve plongé ; c'est à la sagesse du corps législatif à les prendre en telle considération qu'il le jugera convenable pour porter sa décision sur les opérations de nos assemblées électorales (1).

Je vais donc terminer par répondre à ce qu'il y a de plus perfidement avancé contre moi. Je le transcris.

D'abord, le commissaire central, nommé au Conseil des Anciens, ne peut être admis, parce que les articles 15 et 83 de la constitution s'y opposent.

C'était bien ici le cas, je pense, d'établir, soit par la force du raisonnement, soit par celle des preuves authentiques, que ces deux assertions n'étaient pas aventurées ; mais si cela eût été possible, je n'aurais pas fait partie de l'assemblée primaire de l'an 5, de celle de l'an 6, ni de celle de cette année, à plus forte raison de celle électorale ; par conséquent, ni le Conseil, ni l'écrivain ne se seraient aujourd'hui occu-

---

(1) Les membres de la Commission peuvent mieux que personne nous dire si ces calculs sont sortis du cerveau du juge Lambrechts ; enfin s'ils ont été conçus à Anvers ou à Paris.

pés de moi ; ce qui m'aurait épargné la peine de devoir répondre à des méchancetés atroces.

La note numéro premier des observations de *Lambrechts* démontre clairement que l'intention de mes ennemis est non-seulement de me contester mon droit d'éligibilité à la représentation nationale, mais encore de me priver de mon droit de citoyen français. Il n'est pas un seul républicain des départemens réunis, qui ne partage mon indignation en apprenant cette noirceur (1).

Quant à la seconde assertion établie sur l'article 83 de la constitution, elle mérite un plus ample examen, et doit être approfondie par le Corps législatif, et quelque soit sa décision à cet égard, elle ne m'ôtera jamais l'honneur d'avoir mérité la confiance de mes concitoyens.

Je vais cependant me permettre de terminer par quelques réflexions sur mon droit d'éligibilité au sénat français.

---

(1) L'extrait du procès-verbal de l'assemblée primaire du canton d'Anvers de l'an 5, que j'ai remis à la Commission, prouve encore à l'évidence que mes droits de citoyen, ont alors été discutés et reconnus par ceux même qui veulent aujourd'hui me les contester.

Je me persuade d'avance qu'il n'y aura pas un seul représentant qui ne soit révolté en apprenant cette monstruosité de perfidie.

Je prends la loi du 9 vendémiaire an 4, qui a réuni la ci-devant Belgique au territoire de la république française, et j'y lis, article 5.

« Les habitans des pays de Liége, de » Stavelot, de Logne, de Malmédy et » ceux des communes de la Belgique, com- » prises dans les articles 2 et 3 du présent » décret, jouiront dès à présent de tous les » droits de citoyen français, si d'ailleurs, » ils ont les qualités requises par la consti- » tution ».

Cet article de la loi ne dit pas que les habitans des pays réunis jouiront des droits de citoyen français, mais il exprime bien formellement qu'ils jouiront de tous les droits de citoyen français. Les législateurs, par cette expression, ont bien entendu qu'ils en jouiraient dans toute leur plénitude. Ces droits consistent à former des assemblées primaires et électorales, à nommer des représentans, et pouvoir être revêtus de cette qualité, et ces derniers mots : *si d'ailleurs ils ont les qualités requises par la constitution*, n'exigeaient, pour être citoyen, que l'âge de 21 ans, d'être porté sur le rôle de la garde nationale, et de payer une contribution; d'avoir 30 ans en l'an 7, pour être nommé aux Cinq-cents, 40 ans et marié ou veuf pour être élu aux Anciens, etc., et bien sûrement les législateurs n'ont pas entendu qu'il fallait avoir les 10 ou 15 ans de domicile en France ; car en le supposant, on privait les habitans des pays réunis du droit le plus précieux, celui de se faire représenter par un de leurs compatriotes, dont aucun sans doute ne pouvait avoir cette qualité requise par la constitution, et une preuve que tel est le sens de la loi, c'est qu'en l'an 5 et en l'an 6, on a admis sans difficulté les députés des départemens réunis, qui n'avaient ni 10 ni 15 ans de domicile en France.

Or, il n'est pas douteux que la loi du 9 vendémiaire, disant positivement ; *les habitans des pays de Liége, etc., jouiront de tous les droits de citoyen français, etc.* ; il suffisait donc d'habiter les pays réunis pour être compris dans les faveurs accordées par la loi.

Il est de fait que j'y habitais long-tems avant l'époque de sa promulgation ; que j'y exerçais des fonctions publiques, et que je n'ai cessé de les exercer jusqu'à ce jour.

Serait-ce parce que je suis né français ? parce que j'ai servi la cause sacrée de la liberté depuis son établissement dans ma patrie, que mon sort serait moindre que celui des étrangers qu'elle a entendu adopter, et dont elle a confondu les droits avec ceux de ses enfans naturels ? C'est ce qu'on ne peut supposer, et c'est ce qui me fait croire que je suis éligible au Conseil des Anciens.

Paris, le 11 prairial an 7 de la République française.

LEVEQUE.